Europa-Wahlen 2024

Wissen, wie man wählt.
Informationen in Leichter Sprache.

Wer dieses Heft gemacht hat

Diese Broschüre wurde durch die Landeszentrale für politische Bildung NRW in Zusammenarbeit mit dem Wochenschau Verlag erstellt.

Text: Wochenschau Verlag

Gestaltung: Klaus Ohl

Illustrationen: Reinhild Kassing
Europaflagge: Adobe Stock_flags3d

Leichte Sprache: Treffpunkt Leichte Sprache
www.lebenshilfe-main-taunus.de
und Inga Schiffler

Auf Leichte Sprache geprüft von:
Anette Bourdon, Josef Ströbl (www.menschzuerst.de),
Silvana Tinnemeyer, Marco Kölln und Elke Bayer

Gesamtherstellung
© WOCHENSCHAU Verlag Dr. Kurt Debus GmbH
www.wochenschau-verlag.de

ISBN 978-3-7344-1623-1
eISBN 978-3-7566-1623-7
https://doi.org/10.46499/2291

**Am Sonntag, den 9. Juni 2024,
wählen wir das Europa-Parlament.**

Sie wollen mehr wissen:

Hinweis zum Text: Einige Wörter sind **blau** gedruckt.
Sie werden im Text erklärt.

Was heißt Demokratie?

In einer **Demokratie** bestimmt nicht nur ein Mensch.
In einer **Demokratie** dürfen die Menschen mitbestimmen.
Deutschland ist eine **Demokratie**.

Wenn Sie wählen,
bestimmen Sie in Deutschland mit.

Was ist die EU?

Deutschland ist ein Teil von Europa.
In Europa haben sich 27 Länder verbunden.
Die Länder nennen sich **Europäische Union**.
Man kann auch **EU** sagen.

Die Länder in der EU kann man auch **EU-Länder** nennen.

Deutschland

**Alle grauen Länder
und Deutschland
gehören zur EU.**

Auch die EU ist eine Demokratie.

Auch in der EU dürfen die Menschen mitbestimmen.
Dafür gibt es die **Europa-Wahlen**.

Machen Sie mit bei der Europa-Wahl.
Gehen Sie wählen.
So bestimmen Sie in Europa mit.

→ **Was ist die Europa-Wahl? Das erklären wir auf Seite 14.**

Warum gibt es die EU?

Früher gab es viel Streit und Kriege in Europa.
Die Menschen in Europa wollen aber in Frieden leben.
Deshalb haben sich die Länder von Europa
in der EU zusammen getan.

Ein wichtiges Ziel der EU ist Frieden.

Die EU sagt:

✔ alle Menschen sind gleich,
✔ alle Menschen werden gerecht behandelt.

Das ist wichtig für den Frieden in Europa.

Zusammen ist man stark.
Deshalb helfen sich die EU-Länder.

Nicht alle EU-Länder sind gleich stark.

Nicht alle EU-Länder können alles gleich gut.

Deshalb hat die EU beschlossen:

Die EU-Länder können frei mit Waren handeln.

Waren sind zum Beispiel:

✔ Obst,

✔ Pflanzen

✔ oder Autos.

Firmen in der EU können ihre Waren also leicht in allen anderen
EU-Ländern verkaufen.

Man nennt diesen freien Handel mit Waren so:

freier Warenverkehr.

Ein EU-Land kann seine Ware in ein anderes EU-Land besser verkaufen.
Dadurch hat das EU-Land mehr Geld.

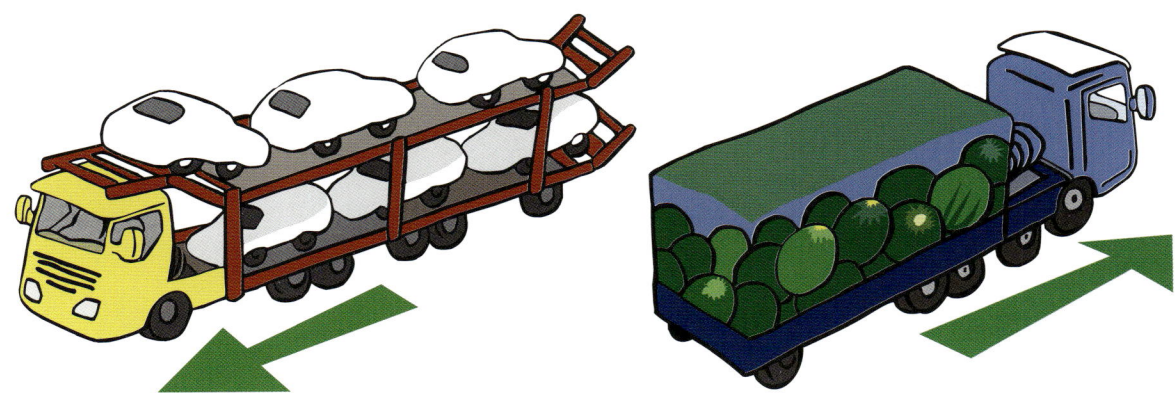

Menschen aus den EU-Ländern dürfen in der EU frei reisen.

Das heißt:

Die Menschen brauchen in der EU keinen Reisepass und kein Visum.

Es reicht ein Personalausweis.

Sie dürfen überall in der EU so lange bleiben, wie sie möchten.

Man nennt das: **freier Personenverkehr**.

In der EU gibt es also:

✔ freien Warenverkehr

✔ und freien Personenverkehr

Das Ziel ist:

Es soll allen Menschen in der EU gut gehen:

✔ Sie sollen genug Essen und Trinken haben.

✔ Sie sollen eine Arbeit haben.

✔ Sie sollen sich gegenseitig unterstützen.

Die EU sagt dazu: Das ist unser **wirtschaftliches und soziales Ziel**.

Die EU ist besonders.

Es gibt sie nur einmal in der Welt.

Wer bestimmt in der EU?

Die EU ist sehr groß.
Deshalb entscheidet nicht eine Partei oder eine Person allein.

In der EU entscheiden:

✔ das **Europa-Parlament**

✔ die **EU-Kommission**

✔ der **Europäische Rat**

Die 3 Politik-Gremien arbeiten zusammen.

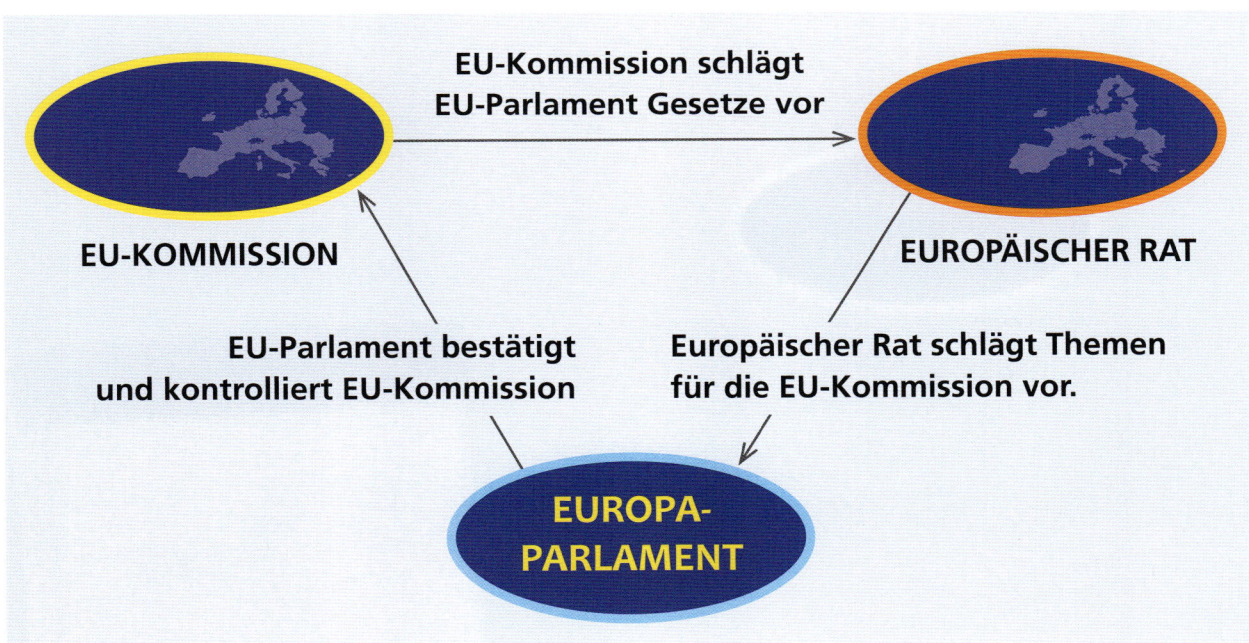

→ Was ist eine Partei? Das erklären wir auf Seite 14.

→ Was ist das Europa-Parlament? Das erklären wir auf Seite 11.

→ Was ist die EU-Kommission? Das erklären wir auf Seite 21.

→ Was ist der Europäische Rat? Das erklären wir auf Seite 20.

In diesem Heft erfahren Sie alles über die EU.
Und Sie erfahren alles über die **Europa-Wahl**.

Die Wahl ist am 9. Juni 2024.

Wählen Sie bei der Europa-Wahl.
So können Sie in der EU mitbestimmen.

→ Was ist die Europa-Wahl? Das erklären wir auf Seite 14.

**Europa-Wahl
Alle 5 Jahre**

Was ist das Europa-Parlament?

In der EU bestimmen die Länder gemeinsam.
Manchmal haben nicht alle in der EU die gleiche Meinung.
Oder ihnen ist nicht das Gleiche wichtig.
Die Länder sprechen im **Europa-Parlament** darüber.

Im **Europa-Parlament** sitzen die Vertreter aller Menschen in der EU.
Die Vertreter werden alle 5 Jahre neu gewählt.
Das nennt man Europa-Wahl.

Das **Europa-Parlament** trifft sich in 2 Städten in Europa:
✔ Straßburg
✔ Brüssel

→ **Was ist die Europa-Wahl? Das erklären wir auf Seite 14.**

Brüssel

Straßburg

Was entscheidet das Europa-Parlament?

Das Europa-Parlament entscheidet über Gesetze.

Viele Gesetze in den EU-Ländern sind von der EU.

Das Europa-Parlament entscheidet auch über den Haushalt.

Haushalt ist das Geld für ein Jahr.
Das Geld darf die EU in einem Jahr ausgeben.

Das Europa-Parlament entscheidet mit:
Wer bekommt wie viel Geld?

Manche Regionen in der EU sind stark.
Andere Regionen sind schwach.

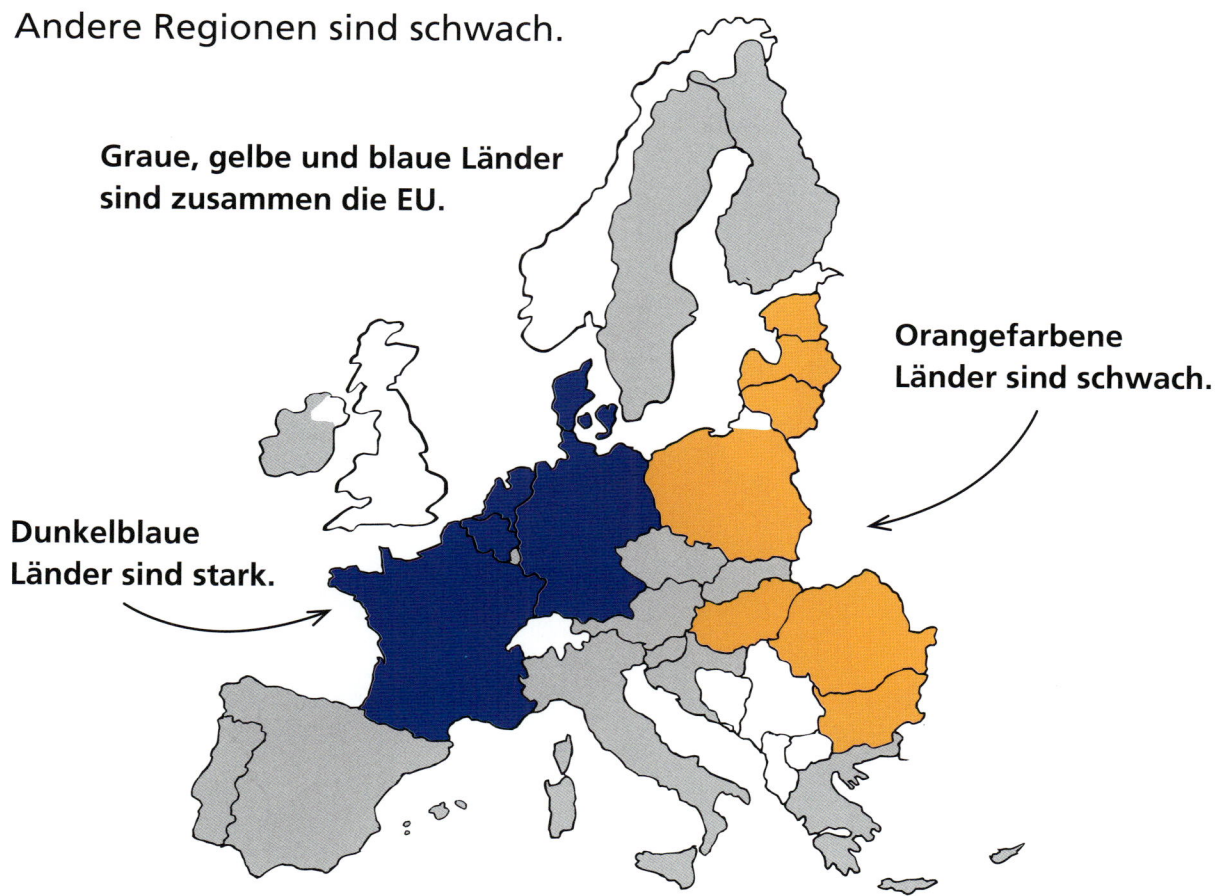

Graue, gelbe und blaue Länder
sind zusammen die EU.

Orangefarbene
Länder sind schwach.

Dunkelblaue
Länder sind stark.

Die EU unterstützt schwache Regionen und Länder.

Die EU entscheidet also:

Welche Region oder welches Land bekommt Geld von der EU?

Man nennt das Geld auch **Fördermittel**.

Was ist die Aufgabe vom **Europa-Parlament**?

✔ Das **Europa-Parlament** und die EU-Länder entscheiden:
Wer wird Präsident oder Präsidentin der EU-Kommission?

✔ Das **Europa-Parlament** bestätigt und kontrolliert die gesamte
EU-Kommission.

→ **Was macht die EU-Kommission? Das erklären wir auf Seite 21.**

Die Europa-Wahl

Alle 5 Jahre ist die **Europa-Wahl**.
Bei der Wahl wählen die Menschen in der EU
das Europa-Parlament neu.

In Deutschland ist die **Europa-Wahl** am **9. Juni 2024**.
Nicht alle EU-Länder haben den gleichen Wahl-Tag.

Bei der **Europa-Wahl** wählen Sie eine **Partei**.

Eine **Partei** besteht aus vielen Menschen.
Die Menschen in einer **Partei** haben die gleichen Ziele.
Für diese Ziele setzt sich die **Partei** ein.

→ **Wer darf wählen? Das erklären wir auf Seite 23.**

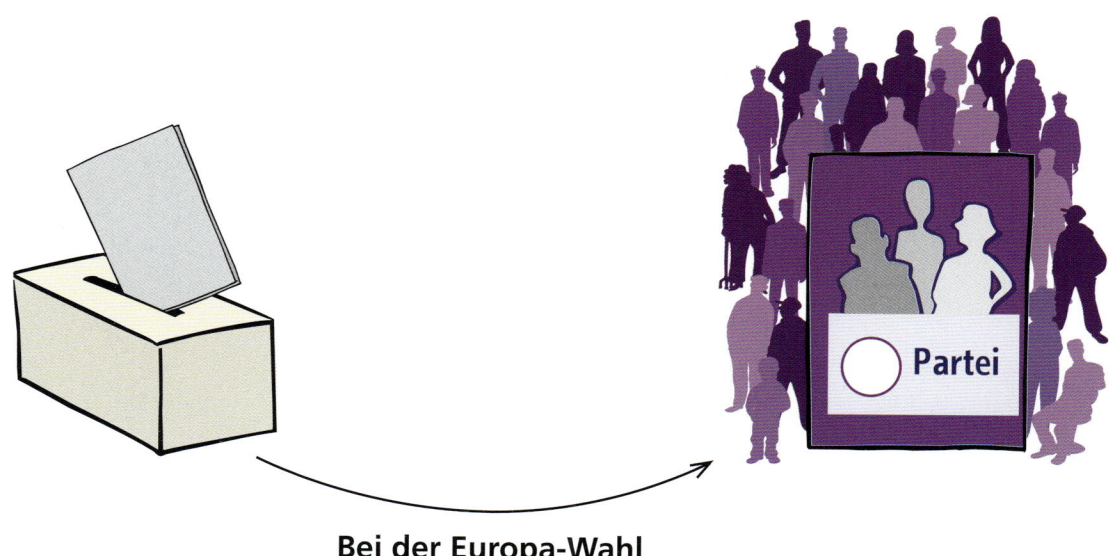

**Bei der Europa-Wahl
wählen Sie eine Partei.**

Im Europa-Parlament sind Parteien aus allen EU-Ländern

Einige Parteien haben die gleichen Ziele.

Diese Parteien sind im Europa-Parlament in einer Gruppe.

Die Gruppe heißt **Fraktion**.

Die **Fraktion** entscheidet zusammen.

Die Parteien in einer **Fraktion** sind aus verschiedenen Ländern.

Die Parteien aus Deutschland sitzen also nicht zusammen:

Die Parteien sitzen in der **Fraktion** mit den gleichen Zielen.

Im Moment gibt es 7 Fraktionen im Europa-Parlament.

**Jede Farbe
ist eine andere
Fraktion.**

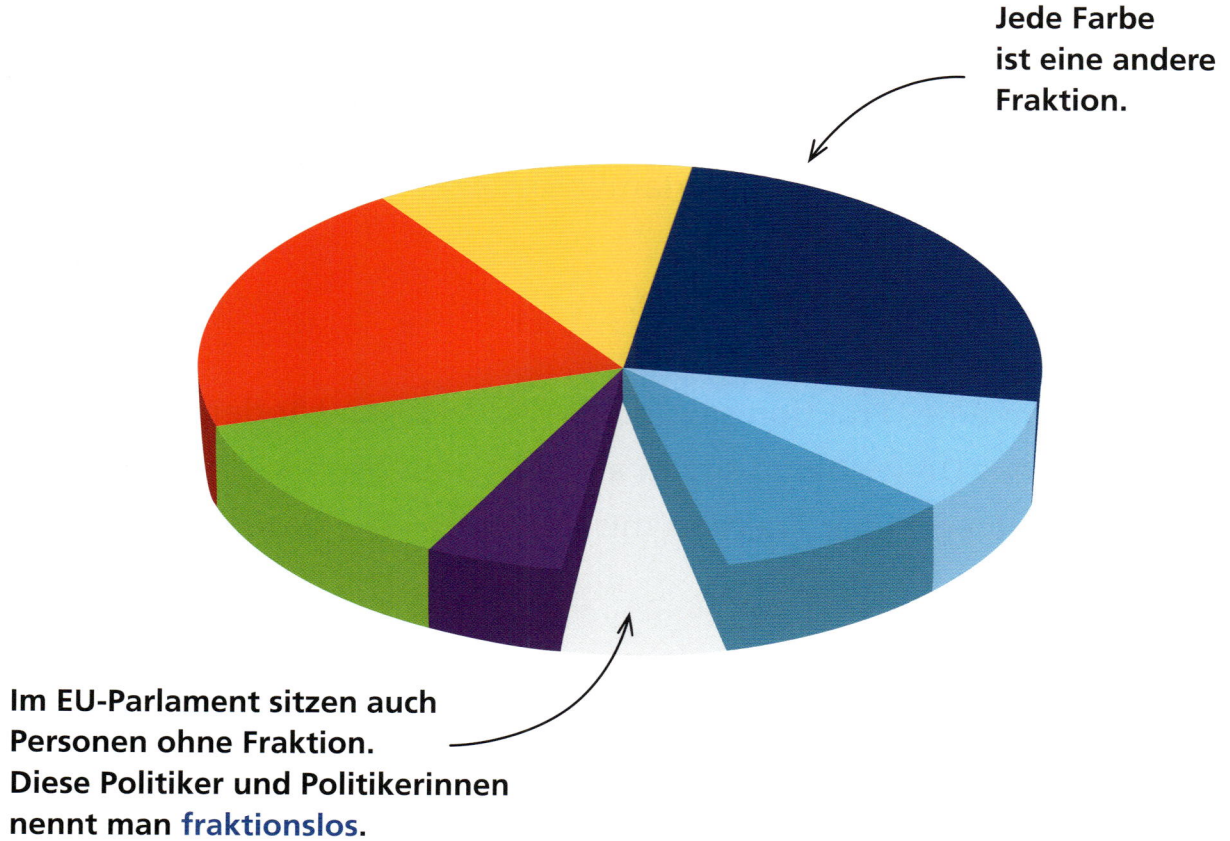

**Im EU-Parlament sitzen auch
Personen ohne Fraktion.
Diese Politiker und Politikerinnen
nennt man fraktionslos.**

Wichtig: Bei der Europa-Wahl wählen Sie Parteien aus Deutschland.

Die Parteien kommen dann in eine Fraktion.

Sie wählen **keine** Fraktion.

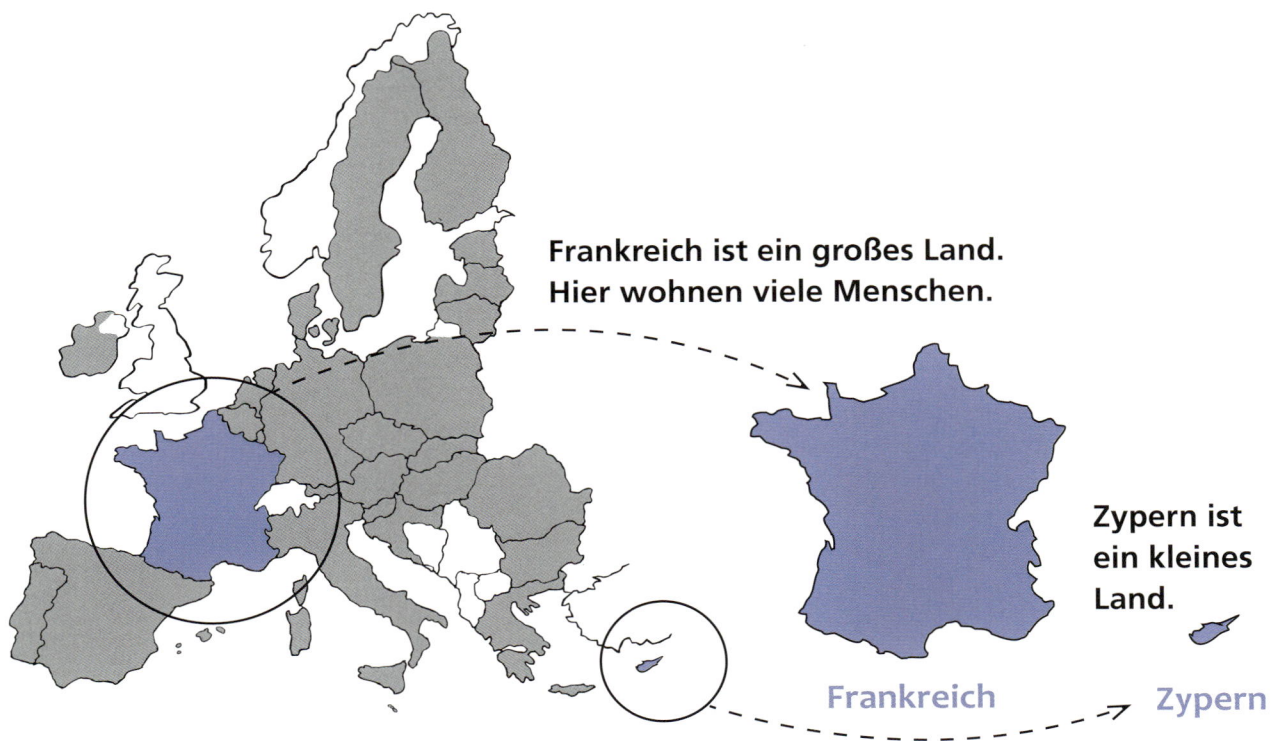

Frankreich ist ein großes Land.
Hier wohnen viele Menschen.

Zypern ist ein kleines Land.

Frankreich

Zypern

In Deutschland und Frankreich wohnen mehr Menschen
als in anderen EU-Ländern.
Trotzdem sind alle Stimmen gleich wichtig.

Mit der EU-Wahl bestimmen Sie mit:
Welche Parteien werden im Europa-Parlament sein?

Wählen viele Menschen eine **Partei**?
Dann wird diese **Partei** stark.

Wer wird die stärkste Partei im Europa-Parlament?
Das bestimmen Sie mit Ihrer Stimme mit.

Wen wollen Sie wählen?

Sie fragen sich:

Welche Partei passt zu mir?

Und was wollen die Parteien?

So finden Sie das heraus:

✔ Vor der Wahl machen die Parteien einen Stand in der Stadt.
   Sie können dort mit den Politikern und Politikerinnen sprechen.
   Sie bekommen auch Zettel und Hefte mit Infos.
   Auf den Zetteln stehen die Ziele der Partei.

✔ Die Parteien halten Reden auf großen Plätzen oder in Hallen.
   Sie können daran teilnehmen.

✔ Fast jede Partei hat eine Internetseite.

Auf der Internetseite finden Sie das **Wahl-Programm** der Partei.
Manche Parteien haben **Wahl-Programme** in Leichter Sprache.
Sie finden auch Infos zu den **Kandidaten** und **Kandidatinnen**.
Also zu den Personen, die Sie wählen können.
Und Sie finden Infos zu den Parteien.

✔ Parteien stellen Plakate auf.

✔ Parteien schicken Werbe-Briefe.

✔ Parteien stellen sich und ihre **Kandidaten** und **Kandidatinnen** vor:
  – im Fernsehen
  – in der Zeitung
  – im Radio
  – im Internet

Was ist der Europäische Rat?

Die Länder in Europa haben Regierungen.
Die Regierungen haben einen Chef oder eine Chefin.
In Deutschland heißt diese Person **Bundeskanzler** oder
Bundeskanzlerin.

Die Chefs und Chefinnen treffen sich.
Dieses Treffen heißt **Europäischer Rat**.

Die Chefs und Chefinnen der Regierung beschließen:
Diese Themen sind für die EU wichtig.
Sie schreiben die Themen auf.
Dieser Text heißt **Agenda**.

Der **Europäische Rat** schickt die Agenda an die EU-Kommission.
Die Agenda ist ein Vorschlag.
Die EU-Kommission entscheidet dann:
Beschäftigt sie sich mit der Agenda oder nicht?

→ Was ist die EU-Kommission? Das erklären wir auf Seite 21.

Was ist die EU-Kommission?

Die **EU-Kommission** ist die Regierung der EU.
Sie sitzt in Brüssel.

Die **EU-Kommission** entscheidet:
Welche Themen sind wichtig?
Die **EU-Kommission** macht Gesetze zu den wichtigen Themen.

EU-Gesetze gelten für alle Menschen in der EU.

Für die EU-Kommission ist wichtig:
Alle in der EU sollen mitreden.
Und die Ziele der EU sollen geschützt sein.

Manchmal findet ein Land etwas besonders wichtig.
Das ist aber nicht für alle EU-Länder wichtig.
Dann wird daraus kein Gesetz.
Denn kein Land soll mehr bestimmen als die anderen.
Darauf achtet die **EU-Kommission**.

Die **EU-Kommission** achtet auch darauf:
Alle EU-Länder halten sich an die EU-Gesetze.

Die stärksten Parteien bestimmen den **Präsidenten**
oder die **Präsidentin der EU-Kommission**.
Die EU-Kommission ist die Regierung der EU.

→ **Was sind die Ziele der EU? Das erklären wir auf den Seiten 6 bis 8.**

Wer kann Präsident oder Präsidentin der EU-Kommission werden?

Die **EU-Kommission** hat einen Präsidenten oder eine Präsidentin.
Das Europa-Parlament wählt diesen Präsidenten oder die Präsidentin.

Bei der Europa-Wahl wählen alle Bürger und Bürgerinnen
das Europa-Parlament.
Das heißt:
Wer wird Präsident oder Präsidentin der **EU-Kommission**?
Das bestimmen auch Sie durch die Europa-Wahl mit.

Die stärkste Fraktion und die EU-Länder bestimmen den Präsidenten
oder die Präsidentin der **EU-Kommission**.

Eine Fraktion ist eine Gruppe von Parteien.
Die Parteien haben die gleichen Ziele.
Sie finden das Gleiche wichtig.

In der **EU-Kommission** ist aus den meisten EU-Ländern eine Person.
Diese Person heißt **EU-Kommissar** oder **EU-Kommissarin**.

Wer darf wählen?

Möchten Sie bei der **Europa-Wahl** wählen?
Dann müssen Sie auf diese 5 Regeln achten:

1. Sie sind 16 Jahre alt oder älter.
2. Sie wohnen seit 3 Monaten in Deutschland oder einem EU-Land.
3. Sie sind EU-Bürger oder EU-Bürgerin.
   Das heißt: Sie haben einen Ausweis aus einem EU-Land.
4. Ein Gericht hat Ihnen **nicht** verboten zu wählen.
5. Sie sind im **Wähler-Verzeichnis**.

Daran sehen Sie, ob Sie im **Wähler-Verzeichnis** sind:
Sie bekommen eine **Wahl-Benachrichtigung** mit der Post.

Erfüllen Sie alle 5 Regeln?
Dann dürfen Sie bei der Europa-Wahl wählen.

Haben Sie eine rechtliche Betreuung?
Auch dann dürfen Sie wählen.

→ Was ist eine Wahl-Benachrichtigung? Das erklären wir auf Seite 24.

Die Wahl-Benachrichtigung

Die **Wahl-Benachrichtigung** ist ein Brief oder eine Postkarte.
Sie bekommen eine **Wahl-Benachrichtigung** mit der Post geschickt.
Die **Wahl-Benachrichtigung** kommt 3 Wochen vor dem Wahl-Tag.

Das steht in der **Wahl-Benachrichtigung**:

✔ Ihr Name und Ihre Anschrift.

✔ Der Wahl-Tag.

✔ Wo Ihr **Wahl-Raum** ist.

  Wahl-Raum oder Wahl-Lokal heißt der Ort,
  wo Sie wählen können.
  Oft ist der **Wahl-Raum** in einer Schule
  in Ihrer Nähe.

✔ Wann der **Wahl-Raum** geöffnet ist.

Im **Wahl-Raum** wählen Sie von 8 bis 18 Uhr.
Wenn Sie keine **Wahl-Benachrichtigung** bekommen haben:
Dann fragen Sie rechtzeitig vor dem Wahl-Tag im **Wahl-Amt** nach.
Das **Wahl-Amt** gehört zu der Verwaltung Ihrer Gemeinde.
Es ist oft im Rathaus.
Die Mitarbeiter und Mitarbeiterinnen vom **Wahl-Amt** helfen Ihnen.
Sie können auch zu Hause schon vor dem Wahltag wählen.
Man nennt das **Brief-Wahl**.

→ Was ist eine Brief-Wahl? Das erklären wir auf Seite 30.

Stufen oder Treppen im Wahl-Raum

Vielleicht fahren Sie im Rollstuhl zur Wahl oder haben einen Rollator.
Dann müssen Sie wissen:
Kommt man auch mit dem Rollstuhl oder Rollator in den Wahl-Raum?

In der Wahl-Benachrichtigung steht, ob Sie mit dem Rollstuhl oder
Rollator in den Wahl-Raum kommen.
Infos finden Sie auf der Internet-Seite von Ihrer Gemeinde
oder in der Zeitung.

Ihr Wahl-Raum hat eine Treppe,
und Sie können mit dem Rollstuhl nicht hineinfahren?
Dann können Sie einen **Wahl-Schein** bekommen.

Den **Wahl-Schein** bekommen Sie im Wahl-Amt von Ihrer Gemeinde.
Den **Wahl-Schein** bekommen Sie auch, wenn Sie zu Hause wählen.

Mit dem **Wahl-Schein** können Sie sich den Wahl-Raum aussuchen.
Also auch einen Wahl-Raum ohne Treppen und Stufen.

Sie können auch von zu Hause aus
wählen.
Dann brauchen Sie keinen Wahl-Raum.
Dafür müssen Sie eine Brief-Wahl
beantragen.

→ **Mehr zur Brief-Wahl
erfahren Sie auf Seite 30.**

Wie Sie im Wahl-Raum wählen

Gehen Sie am Wahl-Tag in den Wahl-Raum.

Auf der Wahl-Benachrichtigung steht, wo Sie wählen können.

Der Wahl-Raum ist am Wahl-Tag zwischen 8 und 18 Uhr offen.

Das müssen Sie mitbringen:

1. Ihren Personal-Ausweis
2. Ihre Wahl-Benachrichtigung

Finden Sie Ihre Wahl-Benachrichtigung nicht mehr?

Das macht nichts.

Wichtig ist Ihr Personalausweis.

Im Wahl-Raum sitzen an einem Tisch mehrere Wahl-Helfer und Wahl-Helferinnen.

Das müssen Sie tun:

1. Sie zeigen einem Wahl-Helfer oder einer Wahl-Helferin Ihre Wahl-Benachrichtigung oder Ihren Personal-Ausweis.

2. Sie bekommen einen **Stimm-Zettel**.
   Auf dem **Stimm-Zettel** stehen alle Parteien, die Sie wählen können.

3. Mit dem **Stimm-Zettel** gehen Sie alleine in die **Wahl-Kabine**.

Die **Wahl-Kabine** steht in dem Wahl-Raum.
Eine **Wahl-Kabine** ist ein Tisch mit Wänden außen herum.
Eine Seite hat keine Wand.
Die Wahl ist geheim.
Andere dürfen nicht sehen, wen Sie wählen.

4. Sie machen ein Kreuz bei einer Partei.

5. Bei den Wahl-Helfern steht ein Kasten.

Der Kasten heißt **Wahl-Urne**.
Werfen Sie den **Stimm-Zettel** durch den Schlitz in die **Wahl-Urne**.
In der **Wahl-Urne** werden alle **Stimm-Zettel** gesammelt.

Und schon haben Sie gewählt.

Der Stimm-Zettel bei der Europa-Wahl

Bei der Europa-Wahl wählen Sie eine Partei.

Auf dem Stimm-Zettel stehen alle Parteien.

Sie kreuzen auf dem Stimm-Zettel an:

Diese Partei möchten Sie wählen.

Sie haben **1 Stimme.**

Wichtig! Sie dürfen auf dem Stimm-Zettel nur **1 Kreuz** machen.

Sie dürfen nichts Anderes auf den Stimm-Zettel schreiben.

Sonst ist Ihre Wahl ungültig.

Stimmzettel
für die Wahl der Abgeordneten des Europäischen Parlaments
Sie haben **1** Stimme

1
2
3
4
5
6
7
8
9
10

Hilfe für Menschen mit einer Seh-Behinderung

Für seh-behinderte Wähler gibt es ein Hilfs-Mittel.

Es heißt **Stimm-Zettel-Schablone**.
Die Schablone ist aus Pappe.
Der Stimm-Zettel wird in die Schablone hinein geschoben.
Die Schablone hat Löcher.
Dort können Sie ankreuzen.

Brauchen Sie eine Schablone?
Dann melden Sie sich beim Blinden- und Behindertenverband
in Ihrem Bundesland.
Die Telefon-Nummer steht auch in Ihrer Wahl-Benachrichtigung.

Andere Hilfen

Können Sie den Stift nicht alleine benutzen?
Oder können Sie nicht lesen?
Fragen Sie einen Wahl-Helfer oder eine Wahl-Helferin nach Hilfe.
Oder bringen Sie eine Person mit, die Ihnen helfen kann.
Die Person darf mit Ihnen in die Wahl-Kabine gehen.

✔ Sie kann Ihnen den Stimm-Zettel vorlesen.
✔ Sie kann auch das Kreuz für Sie machen.

Aber Sie allein entscheiden.
Die Person darf nur das tun, was Sie wollen.
Die Person darf Ihre Entscheidung nicht verraten.
Denn Wahlen sind geheim.

Brief-Wahl: Wie geht das?

Mit der **Brief-Wahl** können Sie von zu Hause aus wählen.

Die **Brief-Wahl** ist vor dem **Wahl-Tag**.

Die Wahl-Unterlagen bekommen Sie mit der Post oder im Wahl-Amt.

Was müssen Sie tun?

Für die **Brief-Wahl** müssen Sie einen Antrag stellen.

Den Antrag stellen Sie beim Wahl-Amt Ihrer Gemeinde.

Der Antrag ist auf der Rückseite Ihrer Wahl-Benachrichtigung.

Er heißt **Wahl-Schein-Antrag**.

Sie finden den Antrag auch auf der Internet-Seite Ihrer Gemeinde.

Auf dem Antrag müssen Sie ausfüllen:

- ✔ Familienname
- ✔ Vorname
- ✔ Geburtsdatum
- ✔ Anschrift

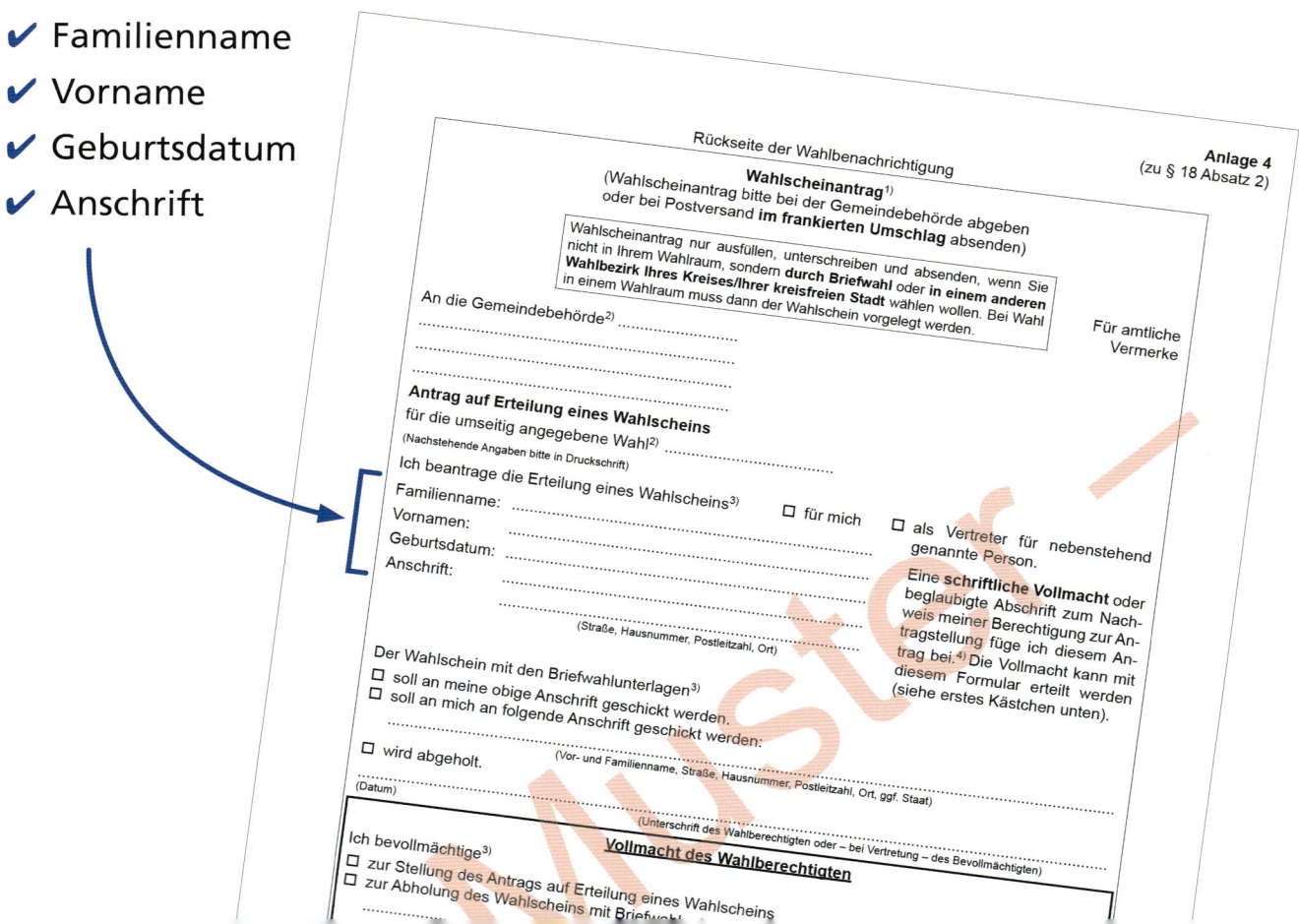

Das ist wichtig bei dem Antrag:

1. Füllen Sie den Antrag aus.
   Sie dürfen sich helfen lassen.
   Auch eine Hilfs-Person kann den Antrag ausfüllen.

2. Unterschreiben Sie den Antrag mit Ihrem Namen.
   Schreiben Sie auch das Datum dazu.

3. Geben Sie den Antrag bei dem Wahl-Amt ab.
   Oder schicken Sie ihn mit der Post dorthin.
   Kleben Sie eine Briefmarke auf den Umschlag.

Der Antrag muss bis zum **7. Juni 2024 um 18 Uhr** im
Wahl-Amt ankommen.
Der 7. Juni ist kurz vor der Wahl.
Vielleicht sind Sie spät dran.
Dann geben Sie den Wahl-Schein-Antrag zur Sicherheit direkt
im Wahl-Amt ab.

Danach bekommen Sie den **Stimm-Zettel** mit der Post:

✔ 1 **Stimm-Zettel**

✔ 1 **weißer Stimm-Zettel**-Umschlag

✔ 1 **Wahl-Schein**

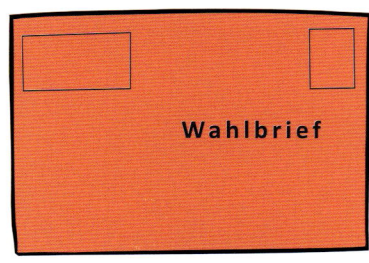

✔ 1 **roter** Wahl-Brief-Umschlag

✔ 1 Merk-Blatt mit Infos zur **Brief-Wahl**

So wählen Sie zu Hause:

1. Sie nehmen den Stimm-Zettel.
Dort wählen Sie: 1 Partei.

Sie dürfen nur **1 Kreuz** machen.
Mit dem Kreuz wählen Sie,
welche Partei im EU-Parlament sitzt.

Wichtig: Sie dürfen nichts Anderes auf den Stimm-Zettel schreiben.
Sonst ist Ihre Wahl ungültig.

2. Danach falten Sie den Stimm-Zettel.

3. Legen Sie den Stimm-Zettel
in den **weißen** Stimm-Zettel-Umschlag.
Kleben Sie den **weißen** Umschlag zu.

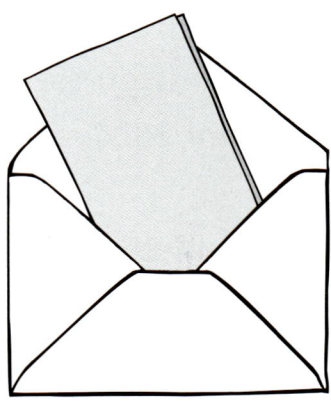

4. Unterschreiben Sie den Wahl-Schein.
Schreiben Sie das Datum dazu.

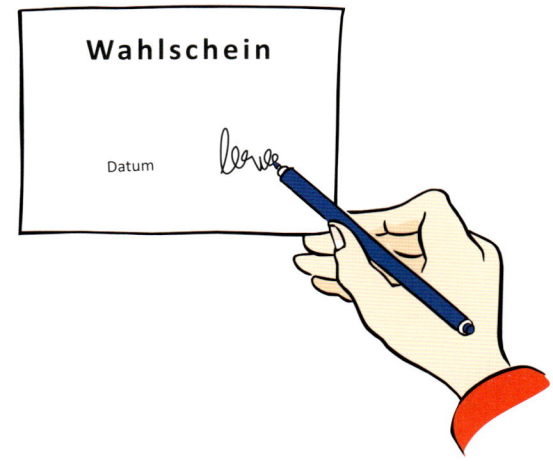

5. Stecken Sie den **weißen** Stimm-Zettel-Umschlag und den unterschriebenen Wahl-Schein in den **roten** Umschlag.

6. Kleben Sie auch den **roten** Umschlag zu.
Der **rote** Umschlag ist der **Wahl-Brief**.

7. Werfen Sie den **roten** Umschlag in den Brief-Kasten.
Sie brauchen keine Briefmarke.
Das müssen Sie bis zum **5. Juni 2024** machen.

Den Wahlschein können Sie noch bis zum 7. Juni 2024 im Wahl-Amt abgeben.

Oder Sie geben den **roten** Umschlag im Wahl-Amt bei Ihrer Gemeinde ab.
Das müssen Sie bis zum **9. Juni 2024 um 18 Uhr** machen.

Und schon haben Sie gewählt.

Was passiert mit Ihrer Stimme?

Nicht alle EU-Länder haben den gleichen Wahl-Tag.
Der letzte Wahl-Tag ist am 9. Juni 2024.
Dann haben die Menschen in der EU gewählt.

Nach dem 9. Juni 2024 werden die Stimmen gezählt.
Die Wahl-Helfer und Wahl-Helferinnen zählen alle Stimmen
auf den Stimm-Zetteln.
Alle Stimmen zusammen nennt man Gesamt-Ergebnis.

Wer hat die Wahl gewonnen?

In der EU leben viele Menschen.
Deshalb dauert das Zählen der Stimmen.
Das genaue Wahl-Ergebnis weiß man vielleicht erst mehrere Wochen nach der EU-Wahl.

Sie erfahren mehr über die Wahl:
- ✔ im Fernsehen
- ✔ im Internet
- ✔ im Radio

Das neue EU-Parlament trifft sich ein paar Wochen nach der Wahl zum ersten Mal.
Dabei entscheidet das EU-Parlament zusammen mit den EU-Ländern:
Diese Person wird Präsident oder Präsidentin der EU-Kommission.

Das EU-Parlament schlägt auch die anderen Mitglieder der EU-Kommission vor.

Danach beginnt die Arbeit.
Also zum Beispiel die Gespräche über neue Gesetze.